AF356088

EDICT DV ROY,

PORTANT AVGMEN-TATION DE GAGES,

& Reglement des taxations & droicts, attribuez aux Officiers des Eslections de ce Royaume y denommez.

Verifié en la Chambre des Comptes, le 19. Mars 1622.

A PARIS,

Chez F**ED**. M**OREL**, & P. M**ETTAYER**,
Imprimeurs ordinaires du Roy.

M. DC XXIII.

Auec Priuilege de sa Majesté.

OVIS PAR LA
GRACE DE DIEV
ROY DE FRAN-
CE ET DE NA-
VARRE, A tous
presens & à venir,
Salut. Comme les
creatiõs des Officiers de nos Electiõs
ont esté faites à diuers temps, & pour
differentes raisons : Ensemble les attributions de plusieurs droicts & re-
uenus desquels ils iouïssent, Aussi les
gages & droits desdits Officiers esta-
blis en mesme Election, se treuuent
de beaucoup differends les vns des autres : Ce qu'ayant esté consideré par le
feu Roy Henry le grand, nostre tres-
honoré Seigneur & pere, & par nous

A ij

depuis noſtre aduenement à la Couronne, & combien la difference des functions & exercice des Officiers ſeans en meſme ſiege eſtoit nuiſible à noſtre ſeruice & au bien du public pour les contentions & procés qui à cauſe de ce ſuruenoient iournellement entre eux, Nous aurions par pluſieurs Edicts & Declarations rendu tous les Eſleuz & les Controolleurs des Tailles, ſemblables en qualité, rang & function, & iouiſſans des meſmes droicts, exemptions & priuileges, Et ne reſtant plus pour terminer toute ialouſie entre leſdits Officiers & les rendre en tout eſgaux, que de regler leurs gages, taxations ordinaires & droicts de cheuauchées, en apportant à ce Reglement la conſideration du trauail de chacun Officier par l'eſtendue de l'Eſlection de ſon eſtabliſſement & l'augmenta-

tion des defpenfes qu'il luy conuient
faire pour nous feruir en fa charge:
ce qui mefme nous conuie d'auoir
efgard à nos Aduocats, & Subftituts
de noftre Procureur general efdites
Eflections, les gages defquels font fi
petits qu'ils ne fe doiuent quafi mettre en compte: A quoy nous fom-
mes d'autant plus excitez que nous
efperons par le moyen dudit Reglement eftre fecourus par nofdits Officiers d'vne notable fomme de deniers pour aider à fupporter les defpenfes de la guerre , en receuant de
nous de l'aduantage & commodité
en leurs perfonnes & en leurs charges: SÇAVOIR FAISONS, Qu'apres
auoir mis cét affaire en deliberation
en noftre Confeil d'Eftat affiftez de
la Royne noftre tres-honoree Dame
& mere, des Princes de noftre fang,
d'aucuns Officiers de noftre Cou-

ronne, & autres grands & notables
perſonnages de noſtredit Conſeil,
Nous de leur aduis & de noſtre cer-
taine ſcience, pleine puiſſance & au-
ctorité Royale, Auons par le preſent Edict perpetuel & irreuocable,
dict, declaré, ſtatué & ordonné, di-
ſons, declarons, ſtatuons & ordonnons, voulons & nous plaiſt que d'o-
reſnauant par chacune annee, & à
commencer du premier iour d'Auril
prochain, chacun des Preſidens,
Lieutenans, Eſleuz & Controolleurs,
Eſleuz d'vne meſme Eſlection, au-
ront & iouïront de ſemblables gages, taxations & droicts de cheuauchées. Tous leſquels gages compris
les taxations ordinaires du principal
de la taille & creuës y ioinctes, & du
taillon, monteront au plus haut cinq
cens liures par an à chacun deſdits
Officiers és eſlections compoſees au

ssus de six vingts Paroisses où assi-
ses és bonnes Villes ; & quatre cens liures & au dessouz pour chacun des
Officiers des autres Eslections, selon
que nous auons estimé quils pou-
uoient porter : Et où il se trouueroit
aucuns desdits Officiers iouissans de
plus grands gages & taxations ordinaires à eux deuëment attribuées
que lesdites sommes, Nous voulons
qu'ils continuent à en iouïr iusques à
ce que par nous y ait esté autrement
pourueu : Et pour le regard des taxations des departemens des creuës ex-
traordinaires & droicts de cheuauchees, Lesdits Officiers en iouïront à
raison de dix liures chacun pour chacun departement : de cent liures pour
droicts de cheuauchees és Eslections
composees de deux cens paroisses &
au dessus : de huict liures de taxation
& soixante quinze liures pour droits

de cheuauchees des eslections de cent
paroisses & au dessus iusques à deux
cens: & de six liures de taxation , &
cinquante liures de droicts de cheuauchees és eslections au dessous
desdites cent Paroisses, en ce compris les sommes desquelles lesdits
Officiers iouïssent à present , &
employees par articles separez dans
les comptes des Receueurs des
Tailles ou des Aydes, Comme aussi
voulons que nos Aduocats & Sub-
stituts de nostre Procureur general
esdites eslections, iouïssent par annee à l'aduenir, à commencer dudit
premier Auril, sçauoir chacun desdits
Officiers desdites grandes eslections
de sept vingts dix liures de gages,
ceux des mediocres de cent liures, &
les autres des moindres de soixante
quinze liures : Le tout suiuant qu'il
est declaré par le menu en l'estat ar-
resté

esté en nostredit Conseil cy attaché
souz le contreseel de nostre Chan-
cellerie. Pour former lesquels gages
seront prinses toutes les sommes
dont lesdits Officiers iouïssent souz
ledit tiltre de gages & taxations ordinaires, soit par ancienne attribu-
tion ou augmentation, excepté ce
qui leur est attribué à cause de la fi-
nance payee pour leur suruiuance re-
uoquee. Toutes lesquelles attributions nouuelles seront payees à nos-
dits Officiers par les Receueurs de
nos Tailles des deniers de leurs receptes par leurs simples quittances, tout
ainsi que de leurs anciens gages, taxations & droicts, & cóme iceux seront
tenus & reputez charges ordinaires
desdites receptes: Et pour ce lesdits
Receueurs des Tailles en retiendront
le fonds pour le payer ausdits Officiers, à commencer dudit premier

B

Auril prochain,& demeureront d'autant quittes & deschargez enuers les
Receueurs generaux de nos Fináces,
sur ce qu'ils ont accoustumé de leur
fournir à cause de leursdites charges.
Moyennant lesquelles attributions
& pour iouyr d'icelles par lesdits Officiers comme dit est, Nous voulons
& ordonnons que chacun d'eux soit
tenu de financer és mains du Tre-
sorier de nos parties Casuelles ou du
porteur de ses quittances, la somme
à laquelle il sera taxé en nostredit
Conseil dans six sepmaines, à com-
pter du iour de la signification &
commandement du payement de ladite taxe. Et iusques à ce que lesdits
Officiers ayent satisfaict au payement de leursdites taxes, Nous per-
mettrons à ceux de nos subjets qui
nous secoureront de leurs deniers en
cette nostre necessité , & seront por-

teurs defdites quittances dudit Tre-
forier des parties Cafuelles de iouyr
des augmentations que nous enten-
dons faire aufdits Officiers de nofdi-
tes Eflections par le prefent Edict,
iufques à ce qu'ils foient rembourfez
par iceux Officiers du contenu efdites quittances.

SI DONNONS EN MANDEMENT
à nos amez & feaux Confeillers les
gens de nos Cóptes à Paris & Roüen,
Prefidens & Treforiers generaux de
France des Generalitez de ce Royaume, Que noftre prefent Edict, en-
femble ledit Eftat, ils ayent chacun
endroit foy, & cóme à luy appartien-
dra, faire lire, publier, & regiftrer,
& du contenu en iceluy faire iouyr
pleinement & paifiblement nofdits
Officiers defdites Eflections : Et à
cefte fin fera par lefdits Prefidens &
Treforiers generaux de France faict,

& laiſſé fonds en chacune recepte des
Tailles, à commencer dudit premier
Auril prochain, des ſommes que mó-
tent par Eſlection leſdites nouuelles
attributions ſuiuant leſdits eſtats. Et
pource que de ces preſentes on pour-
ra auoir beſoin en pluſieurs & diuers
lieux, Nous voulons qu'aux coppies
d'icelles deuëment collationnees par
l'vn de nos amez & feaux Conſeillers
& Secretaires, ou faictes ſouz ſeel
Royal, foy ſoit adiouſtee comme au
preſent originál : Auquel afin que
ce ſoit choſe ferme & ſtable à touſ-
iours, Nous auons faict mettre & ap-
poſer noſtre ſeel, ſauf en autres cho-
ſes noſtre droict & l'autruy en toutes.

DONNE' à Paris au mois de Fe-
urier, l'an de grace mil ſix cens vingt-
deux, & de noſtre regne le douzieſ-
me. Signé, LOVIS. Et ſur le reply,
Par le Roy, DE LOMENIE.

Et à cofté, Visa.   Et feellé du grand feau de cire verte, fur lacs de foye rouge & verte.   Et encore fur ledit reply eft efcrit,

Leu, publié & regiftré en la Chambre des Comptes, ce confentant le Procureur general du Roy, par le commandement de fa Majefté, porté par Monfieur le Prince de Condé venu expres en ladite Chambre, affifté des fieurs de Chafteau-neuf & Prefident Ieannin Confeillers en fon Confeil d'Eftat & Priué : Le dix-neufiefme iour de Mars mil fix cens vingt-deux.
Signé,   BOVRLON.

Collationné à l'original, par moy Confeiller, Secretaire du Roy.

9 782329 337142